Lobreden auf den poetischen Satz

Robert Gernhardt
Peter Waterhouse
Anne Duden

Lobreden auf den poetischen Satz

Göttinger Sudelblätter

Herausgegeben von Heinz Ludwig Arnold
Wallstein Verlag Göttingen

Robert Gernhardt

Lobrede auf den poetischen Satz

Den poetischen Satz soll und will ich loben, doch was ist das: ein poetischer Satz?

Ein Blick in die dritte, verbesserte und erweiterte Auflage von Gero von Wilperts »Sachwörterbuch der Literatur« hilft vorerst nicht weiter: »Poesie (griech. Poiesis von poiein = machen) Dichtung allgemein«, »Poet (lat. poeta) Dichter«, »Poetik (griech. poieteke techne = Dichtkunst) die Lehre und Wissenschaft von Wesen, Gattungen und Formen der Dichtung« – jetzt wäre »poetisch« dran, doch es findet sich ebensowenig wie das Stichwort »Poetischer Satz«, stattdessen wird der Suchende mit »Poetische Gerechtigkeit«, »Poetische Lizenz« und »Poetischer Realismus« abgespeist, ohne daß sein Wissensdurst wirklich gestillt würde: »Poetischer Realismus siehe Realismus«.

Hier klafft eine Lücke, hier tut sich aber auch eine Möglichkeit auf, den zu lobenden »poetischen Satz«, nach eigenem Gutdünken ganz pro domo zu definieren. Was also meint *mein* »poetischer Satz«? Ich verstehe darunter nicht einen wie immer dichterisch gearteten Satz, sondern einen, der das Gedicht – im Sinne von »poiein« – macht, auslöst, in Gang setzt; ich begreife den »poetischen Satz« also nicht als Erfindung des Dichters, sondern als Fund des Poeten.

Was damit gemeint ist, wird mein erstes und ältestes Beispiel sogleich veranschaulichen. Ich fand es in den späten Gedichten Heinrich Heines; meiner Ausgabe zufolge ist es Anfang der 50er Jahre des vorigen Jahrhunderts entstanden. Seine Überschrift lautet »Die Menge tut es«, und sein Motto stellt klar, daß es sich bei diesem Titel um ein Zitat handelt: »Die Pfannekuchen, die ich gegeben bisher für drei Silbergroschen, ich geb sie nunmehr für zwei Silbergroschen; die Menge tut es.«

Ein Satz, wie er sich unpoetischer und prosaischer kaum denken läßt: Nicht von edlem Gold und lebensspendendem Brot ist in ihm die Rede, sondern von schnöden Groschen und profanen Pfannekuchen, von einem Preisabschlag lesen wir und von dessen platter Begründung, und doch wurde gerade sie – »Die Menge tut es« – zur Keimzelle eines drei Seiten langen Gedichts, das mit den Worten beginnt:

> Nie löscht, als wär sie gegossen in Bronze,
> Mir im Gedächtnis jene Annonce,
> Die ich einst las im Intelligenzblatt
> Der intelligenten Borussenhauptstadt.

Die Borussenhauptstadt ist natürlich Berlin, und der reife Heine beweist ein auf den ersten Blick gußeisernes Gedächtnis: Seit seinen Berliner Studententagen sind immerhin dreißig Jahre vergangen. Zweites Hinsehn freilich lehrt, daß diese Gedächtnisleistung weniger ein Verdienst des erinnernden Dichters, als vielmehr des annoncierenden Bäckers ist: Derart gassenhauermäßig müssen sich die unfreiwillige Komik der Anzeige und ihre lapidare Pointe im Hirn des jungen Heine festgesetzt haben, daß der gealterte Pariser Emigrant die Zeilen nicht nur wortwörtlich abrufen, sondern fürs Gedicht, eine breitangelegte Berlin-Reminiszenz und Hauptstadtsatire nutzen kann.

Über lange Strecken freilich scheint es, als ob Heine den Pfannekuchenbäcker völlig vergessen habe. Er fragt »Borussenhauptstadt, Berlin, was machst du? Ob welchem Eckensteher lachst du?« Er verhöhnt den in Berlin als Generalmusikdirektor amtierenden Intimfeind Meyerbeer alias »Beerenmeyer«, er erinnert sich der Universität und der Professoren seiner Zeit, er verbeißt sich 25 Zeilen lang in eines seiner Lieblingsopfer, den Germanisten und Deutschtümler Hans-Ferdinand Maßmann, er beschreibt, wie der begeisterte Turnideologe von seinen ungehobelten Schülern gutgermanisch verprügelt wird, er verwundert sich darüber, wie Maßmann das erträgt: »Soviele Prügel? du bist ein Brutus!« und er landet erstmals wieder am Ausgangspunkt: »Doch Maßmann sprach: Die Menge tut es!«

Noch zweimal, jetzt in rascherer Folge, steuert Heine auf diesen Refrain zu. Zuerst wird er gegen die Berliner Literaten gewandt: Es sei zwar noch immer kein Genie darunter, jedoch: »Auch sittliche Menschen haben ihr Gutes – Zwölf machen ein Dutzend – die Menge tut es.« Als Pointe aber hat sich Heine die Leutnants der Reserve und das preußische Herrscherhaus aufgespart; urplötzlich offenbart der brave Annoncentext seinen ungemütlichen Doppelsinn. Das Brandenburger Tor sei noch immer so groß und so breit wie zuvor, warnt der Dichter das Militär:

> Und man könnt euch auf einmal zum Tor hinaus schmeißen,
> Euch alle mitsamt dem Prinzen von Preußen –
> Die Menge tut es.

Ein bemerkenswertes Gedicht! Kein Gebet stand an seiner Wiege und kein Zauber, kein Wunsch zu rühmen und kein Bedürfnis anzuklagen, kein Herzeleid und kein Natureindruck – Auslöser war die Intelligenzblattlektüre, am Anfang stand die Annonce. Mit »Die Menge tut es« dürfte Heine eines der frühesten genuinen Großstadtgedichte geschrieben haben, eins, das die große Stadt nicht romantisierend feiert oder dämonisierend verdammt, sondern stattdessen eine seiner vielen Stimmen – hier: die Werbung – so amüsiert wie sachlich aufgreift und fürs Gedicht nutzt.

Schon vor Heine hatten große Geister die Großstadt ohne Scheuklappen gesehen. Mitte des 17. Jahrhunderts hält Descartes seinem Landsmann, dem Schriftsteller Jean Louis Guez de Balzac, in einem Brief vor: »Wie vollkommen Ihre Einsiedelei auch war, es fehlte ihr doch einiges, was man nur in großen Städten findet.«

Ende des 18. Jahrhunderts liest Georg Christoph Lichtenberg die Zeilen des Franzosen in einer englischen Zeitschrift, dem »European Magazine« vom Februar 1795, und macht sich einen vorerst noch prosaischen Reim darauf: »Cartesius sagt in einem Briefe, daß man die Einsamkeit in großen Städten suchen müsse, und er lobt sich dazu Amsterdam, von wo der Brief datiert ist. Ich sehe auch wirklich nicht ein, warum nicht Börsengesumse eben so angenehm sein soll, als das

Rauschen des Eichenwaldes; zumal für einen Philosophen, der keine Handelsgeschäfte macht, und zwischen Kaufleuten wandeln kann, wie zwischen Eichenbäumen, da die Kaufleute ihrerseits bei ihren Gängen und Geschäften sich so wenig um den müßigen Wandler kümmern, als die Eichbäume um den Dichter.«

Verkneifen wir uns die Überlegung, wieso Lichtenberg den Philosophen unmerklich über den müßigen Wandler zum Dichter mutieren läßt – bleiben wir lieber den Dichtern selber auf der Spur, verfolgen wir eine kurze Strecke lang ihre unermüdliche Suche nach neuen Anregungen, neuen Reizen und neuen Reizauslösern.

Hundert Jahre nach Heine, 1921, besucht ein Dichter erstmals Berlin, den viele bald für dessen legitimen Erben halten werden: Bertolt Brecht. Wie sein Vorgänger kommt auch er aus einer kleineren Stadt, gleich ihm hält er in der großen Augen und Ohren offen.

REIN. SACHLICH. BÖSE läse der Jüngling gerne auf seinem Grabstein, vorerst freilich liest er die Zeitung, schneidet eine Nachricht mit der Überschrift »Bestrafter blauer Dunst« aus, klebt sie auf und schreibt ein kommentierendes Gedicht darunter. Lesen wir zunächst einmal die Meldung: »Einen originellen Strafzettel erhielt ein Motorradfahrer, nachdem er unter anderen Städten mit seiner Maschine auch Reutlingen besucht hatte. Er wurde zur Zahlung von fünf Mark und zwanzig Pfennig verurteilt wegen ›Hinterlassung eines bläulichen Dunstes und eines donnerähnlichen Geräusches‹ «.

Hören wir nun den poetischen Kommentar des Dichters:

HIERMIT DANKE ICH
Öffentlich
Der Stadt Reutlingen für ihre
Eines großen Dichters würdige Beschreibung
Der Ungelegenheit, welche
Ihr die Unvollkommenheit unserer Technik
Dieser Tage bereitet hat

Eine ironische Verbeugung des Pegasus vor dem Amtsschimmel, nicht mehr, doch Brecht läßt sich von der Zeitungslektüre auch zu Wichtigerem und Gewichtigerem anregen. Den Gedichten »Achttausend arme Leute kommen vor die Stadt« und »Dreihundert ermordete Kulis berichten an eine Internationale« ist jeweils eine Meldung vorangestellt.

»Auf der Strecke Salgotarjan, vor Budapest, liegen jetzt über 8000 arbeitslose Bergarbeiter mit Frauen und Kindern auf offenem Felde«, beginnt die eine, »Aus London wird telegrafiert« die andere, und in beiden Gedichten läßt Brecht die namenlosen Opfer zu Wort kommen:

> Gingen wir hinab in die größte Stadt
> 1000 von uns hatten nicht gegessen
> 1000 von uns waren nicht satt
> Und 1000 von uns wollten essen

– klagen die ungarischen Bergarbeiter, und *so* reden die chinesischen Kulis:

> Wir wären gern in unseren Dörfern geblieben
> Aber man konnte uns nicht dort lassen.
> So wurden wir eines Nachts in die Waggons getrieben.
> Leider konnten wir keinen Reis mehr fassen.

Mit offenen Augen *und* Ohren geht Brecht durch Berlin: Er liest Zeitung, er sieht Reklame, er hört den Zeitungsverkäufern und Reklame-Ausrufern auf der Straße zu. 1939 schreibt er über »Reimlose Lyrik mit unregelmäßigen Rhythmen« und zitiert neben Gedichten und Politparolen auch zwei seiner Meinung nach vorbildlich eindringliche Reklamesprüche, den reimlosen Slogan »Du sollt nur Manoli rauchen« und den gereimten »Allen anderen zuvor der Sarottimohr.«

Dreissig Jahre lang hatte sich der Annoncentext »Die Menge tut es« in Heines Hirn halten können, mindestens sechzehn Jahre lang hatte Brecht besagte Zigaretten- und Schokoladenreklame gespeichert, bevor er sie für seine Überlegungen abrief. Denn bekannt waren ihm die Sprüche schon zu Beginn der zwanziger Jahre gewesen, als er sie für das »dicke Ende« des vielleicht nicht ganz reinen, dafür aber schön bösen und sachlichen Gedichts »Die kleinen Verhaltungsmaßregeln mit dickem Ende« genutzt hatte:

Wenn du sie mit Säure gewaschen hast
Dann lege sie auf den Gartentisch
Betrachte sie sorglos und wählerisch
Und spreche, komm Herr Jesus, sei unser Gast
Du sollst sie aber nicht weiter gebrauchen
Du sollst nur Walasko rauchen

– so nämlich lautete der von Brecht später in »Manoli« veränderte Markenname ursprünglich, Walasko, eine Zigarettenmarke der »Waldorf-Astoria-Co«, die Anfang der 20er Jahre in Deutschland eingeführt worden war. Ein weiterer Markenartikel aber, der Sarottimohr, bildet das dicke Ende der dritten und letzten Strophe:

Nachts stehe ich oft vor einer Häuserwand
Und denke: jetzt schlafen die da so allein
Jeder sein eigener Spatz in der Hand
Und dann möchte ich sie alle aufwecken
Damit sie runterkommen zu zwein und zwein
Und mich am Arsch lecken
(Allen anderen zuvor
Der Sarottimohr)

Ziemlich genau dreissig weitere Jahre später, 1953, hört ein weiterer Dichter auf eine weitere Stimme der großen, mittlerweile viergeteilten Stadt Berlin. Wieder ist es Nacht, doch der bereits bejahrte Poet steht gottlob nicht hadernd an einer kalten Häuserwand, er sitzt trinkend in einer warmen Bar und notiert – anderes Papier war wohl nicht zur Hand – auf einem Rezeptblock den Wortlaut des Amischlagers, den er soeben hört:

Because of you
There's a song in my heart
Because of you my
romance had it's start

Bei dieser Gedächtnisstütze beläßt es der Dichter freilich nicht. Auf der Rückseite des Blattes, offensichtlich noch am Ort der musikalischen und textlichen Eindrücke, beginnt er mit einer ersten fahrigen Niederschrift eines veritablen Gedichts:

Flieder in Silbr Vasen
Ampeln gedämpftes Licht
U die Amis rasen
Wenn die Sängerin spricht

Am nächsten Tag aber legt Dr. Gottfried Benn, denn das ist sein Name, die Amischlagermitschrift seiner Frau Ilse vor, und gestützt auf ihre Übersetzung

Weil an dich (ich denke)
Da ist ein Gesang in meinem Herzen,
Mit dir hat mein roman begonnen,
Weil an dich (ich denke)

– mit Hilfe dieser etwas eigenwilligen Übertragung also geht Benn daran, den Barbesuch endgültig zu verdichten:

Flieder in langen Vasen
Ampeln, gedämpftes Licht
und die Amis rasen,
wenn die Sängerin spricht;

Because of you (ich denke)
romance had its start (ich dein)
because of you (ich lenke
zu dir und du bist mein).

– so lauten die beiden ersten der insgesamt sieben Strophen des Gedichts »Bar« aus dem Jahr 1953.

Gern wurden – und werden – Brecht und Benn gegeneinander ausgespielt – dezidierte Asphaltliteraten waren sie alle beide.

»Bei älteren Leuten (wie Klassen) macht sich der Hang zu mehr oder minder träumerischen Spaziergängen bemerkbar... Diese älteren Typen bleiben dann mitunter vor einem Baume stehen und überprüfen anläßlich dieses Baumes ihr eigenes Innenleben«, bemerkt der junge Brecht tadelnd.

»Keineswegs durch die Natur schweifen«, sagt Benn von sich, »ich war kein Rutengänger und Steppenwolf, mehr ein Sichauslegen mit Wurm und Angel, etwas anbeißen lassen.«

Wenn da ein Schlager anbeißt – um so besser! Als Brecht 1927 einen Lyrik-Wettbewerb der »Literarischen Welt« jurieren soll, verwirft er sämtliche Einsendungen aller 400 Lyriker und entscheidet sich für den Sechs-Tage-Rennen-Song »He! He! The Iron Man« von Hannes Küppers, den er »in einem Radsportblatt fand«.

Dieser Wahl kann Dr. Benn nur zustimmen. »Ein Schlager von Klasse enthält mehr Jahrhundert als eine Motette«, befindet er und nennt noch ganz andere, auf den ersten Blick noch poesiefernere Stimmen, die das Gedicht in Gang setzen, in Gang halten und zu einem guten Ende führen können: »Wenn der Mann danach ist, kann der erste Vers aus dem Kursbuch sein und der zweite eine Gesangbuchstrophe und der dritte ein Mikoschwitz, und das Ganze ist doch ein Gedicht. Und wenn der Mann nicht danach ist, dann können Ehegatten ihre Frauen und Mütter ihre Söhne und die Enkel ihre Großtanten im Lehnstuhl oder im Abendfrieden vielstrophig anreimen, und selbst der Laie wird bald merken, daß das keine Lyrik mehr ist.«

»Das Gedicht verdichtet«, sagte mein Deutschlehrer gerne, ohne einen Gedanken daran zu verschwenden, ob das feine Stimmchen des Gedichts das noch in einer Zeit zu leisten imstande sei, da ringsum der Chor und die Menge derjenigen Medien immer lauter und größer wird, die massiv und planmäßig ein genau entgegengesetztes

Ziel anstreben: Zerstreuung. Naiver Glaube an die überzeitliche Kraft der Poesie war einem braven Schulmann der 50er noch möglich, die Dichter aber sahen sich bereits hundert Jahre zuvor gehalten, sich einen Reim auf die sich rapide verändernde Welt zu machen: Während die einen sich und ihr Gedicht auf zeit-, raum- und alltagsentrückte Inseln der Innerlichkeit oder in Gefilde bergender Transzendenz zu retten suchten, unternahmen andere das Wagnis, Person und Dichten auch noch dem kunstfernsten Gelärm und Geräusch auszusetzen, um gerade ihm das Gedicht abzutrotzen oder abzulisten.

Ein riskantes Unternehmen: Wenn der Mann nicht danach war, drohten Kapitulation vor dem Geräusch und Verlust der eigenen Stimme. Anfang der 70er Jahre versucht der deutsche Dichter und Romstipendiat Rolf Dieter Brinkmann eine »Hymne auf einen italienischen Platz«:

> O Piazza Bologna in Rom! Banca Nazionale Del
> Lavoro und Banco Di Santo Spirito, Pizza Mozzarella
> Barbiere, Gomma Sport! Gipsi Boutique und Willi,
> Tavola Calda, Esso Servizio, Fiat, Ginnastica,
>
> Estetica, Yoga, Sauna! O Bar Tabacci (sic!) und Gelati,

– so geht das noch 27 Zeilen weiter, bis zum bitteren Ende

> Pomodoro! O Sciopero! O Lire! O Scheiß!

– doch sollten bereits die ersten fünf Zeilen belegt haben, daß die simple Reproduktion der Fremdstimmen und das schlichte Aneinanderreihen von Fundstücken bestenfalls ein Dokument ergibt, nicht das Gedicht gebiert.

Wie anders, wenn der Mann danach ist! Ende der 70er Jahre ist Peter Rühmkorf auf Achse, und schon die Fanfare der ersten Zeile seines schön langen Gedichts »Im Fahrtwind« macht deutlich, daß wir von diesem Dichter keine Kapitulation à la Brinkmann zu befürchten haben:

Heute wieder mal alles unterwegs
Keim Kraut und Companie
Nordseelachs
Südzucker
Westzement
DAL – Deutsche Afrikalinien
Raab Karcher – Lünebest – Saunalux
Poggenpohl Küchendesign in 14 Ländern
Uelzena Milchwerke – Schmalbach Lubeccca-bizzi der fröhliche
Durstlöscher
Wie gesagt, unaufhörlich auf Achse das ganze mit
Sorgenbrechern und Aufbaustoffen
Selbst der Speiseeisfahrer glaubt noch, er wär was
weil MILI hinter ihm steht
Gas – Gas – und weg!

Ebenso rasant geht das noch drei Seiten weiter, kaum daß dem Leser die Zeit bleibt, zur Kenntnis zu nehmen, welche Folgerungen der inmitten der Warenwelt in seinem Wagen dahinrollende Dichter aus all der Anschauung zieht:

Das ICH ist schließlich auch nur ein Markenartikel unter vielen:
entweder du
löst hier nochmals einen bleibenden Eindruck aus oder
wenn du nichts mehr umwirfst
(rein charismamäßig)
bewahr wenigstens Ruhe.

Hier spricht der Dichter – dem Fund muß die Erfindung folgen, damit der Allerweltssatz oder das Allerweltswort seinen zum Gedicht drängenden Wallungswert und seinen erst im Gedicht zu sich kommenden Stellenwert offenbart: »Nordseelachs Südzucker Westzement …«

Hier tut es die Menge ausnahmsweise einmal nicht, hier meint Sichauslegen nicht unterschiedslos und bräsig alles ins Gedicht zu packen, was da zufällig ins Netz gerät, sondern die Angel hellwach und blitzschnell dann einzuholen, wenn inmitten des Grau in Grau der hirnlosen Wörterflut die leuchtende Epiphanie des poetischen Satzes sich ereignet und im Hirn festbeißt, ganz gleich ob er nun als Annonce, Slogan, Nachricht oder Schlagerzeile daherkommt, wenn es nicht überhaupt nur Satzpartikel, einzelne Worte sind, die da urplötzlich hängenbleiben und dem Angler unmißverständlich bedeuten: Mach was aus uns!

So erging es mir, als ich beim Abwasch Radio hörte bzw. radiohörend abwusch. Wegen der nassen Hände hatte ich nicht den Sender gewechselt, als der Kirchenfunk begann, überrumpelt, ja gebannt vernahm ich den folgenden Satz: »Die Kirche muß endlich jene frauenfeindlichen Erblasten aufarbeiten, die durch spätantike Männerkreise in die ursprünglich frauenfreundliche Botschaft Jesu hineingetragen worden sind.«

Was mich so in den Bann schlug? Natürlich die Wortpaarung »spätantike Männerkreise«. In ihr war derart Disparates aus derart weit auseinanderliegenden Zeiten und Welten zusammengeweht worden, daß zu befürchten stand, das Paar werde wieder in seine Einzelteile zerfallen bzw. unverständlich werden, sobald der Zeitgeist sich drehte. Daher trocknete ich meine Hände rasch ab, notierte den Satz und überlegte, wie ich die beiden Worte, Insekten gleich, im Bernstein des Gedichts für alle Zeiten – oder doch für die nächsten zehn, zwanzig Jahre –würde konservieren können.

Das Ergebnis dieser poetischen Rettungsaktion fand Eingang in mein Buch »Lichte Gedichte«, nennt sich »Couplet von der Erblast« und liest sich folgendermaßen:

Spätantike Männerkreise
Haben Jesu Wort verbogen
Haben seine frohe Botschaft
Korrumpiert und umgelogen
Korrigierten Evangelien
Kujonierten die Gemeinden

Überließen Führungsposten
Unverstellten Frauenfeinden
Herr, wer ritt uns in die Scheiße?
Spätantike Männerkreise!

Spätantike Männerkreise
Eure Stunde hat geschlagen
In der Kirche haben Chauvis
Gottseidank nichts mehr zu sagen
Mußte in der Spätantike
Alles um euch Männer kreisen
Wirft man eure Botschaft heute
Hohnlachend zum alten Eisen
Und wer spuckt euch in die Suppen?
Postmoderne Frauengruppen!

Peter Waterhouse

Lob einer Dichterin und eines Baumarktleiters und eines Musikanten aus dem Gasthaus Komet

Vielleicht sagt ein poetischer Satz das, was ich nicht weiß. Und vielleicht macht er aus mir einen Menschen, den ich nicht kenne. Und findet Dinge, die ich nicht kenne; nennt den Stein, nennt die Straße, nennt Bäume, Regen, Wälder, Hühner, Pferde, und ich weiß es nicht. Vielleicht spricht der poetische Satz mich als Kind, mich Kind an und klingt nicht ganz anders als dem Zweijährigen die Worte der Erwachsenen. Wälder, Hühner, Pferde, vielleicht sind die Worte dem ganz kleinen Kind noch Fremdsprache; aber diese unbekannten Worte stellen das Fremde hier und nah und da vor das Kind, es ist in diesen Worten eine Anwesenheit, eine mündliche, mundräumliche, physische, labiale, gutturale, eine zischende oder glucksende oder krähende oder knackende. Das Wort Wälder – sie oder das was sie sind: sind da bei dem Kind; Zimmerchen und Haus sind voll von Wäldern. Das kleine Kind weiß nichts von Wäldern, aber hat Wälder, physische Wälder mit einem »l« oder Lall und mit »d«. Könnte man das kleine Kind jetzt fragen: Was sind Wälder, und könnte es auf Deutsch antworten, würde es gewiß etwas sagen wie: Wälder sind Felder. Warum das? Die Kinderwälder sind nicht Sammlungen von Bäumen, sondern sie sind ein: ich weiß es noch nicht. Sie sind nicht so grün, daß das Kind die Frage beantworten könnte mit: Sie sind grün. Sie sind nicht so schattig, daß es sie schattig nennen könnte. Sie duften nicht. Die Wälder, müßte das Kind sie beschreiben, wären wälderige Dinge oder etwas in dieser klanglichen, physischen, an der Lippe beginnenden Gestalt. Was sind also Wälder? Wälder sind: Wälder. Darum könnte das Kind sie vergleichen mit Feldern, die nahezu gleich klingen und gleich sind und sich ähnlich im Mund ausbreiten.

Als ich schon ein sprechendes Kind war – ein zweisprechender, zweisprachiger Volksschüler, der tagsüber in der englischen Ganztagsschule Englisch hörte und sprach, zuhause dann Deutsch –, habe ich wieder oder immer noch diese Klangformen mancher Wörter, das Nichtzuwissende mancher Wörter hören können. Wenn ich das Wort »anders« oder »der Andere« gehört habe – »du bist anders« oder »ich wohne in einer anderen Stadt« – dann habe ich das, was das Wort »anders« bedeuten will, auf eine besondere physische Weise auffassen können. Ich habe das englische Wort »under« hören können, das dem deutschen »unterhalb« entspricht. Im deutschen Wort »anders« gab es noch ein anderes, und dieses andere war wie unterhalb, darunter oder englisch versteckt. Eine andere Stadt war dann unterhalb der unmittelbaren oder wirklichen. Und umgekehrt: »under the tree« war dann nicht mehr wörtlich unterhalb des Baums, sondern etwas anderes und schattiger. Das deutsche »Andere« war nicht einfach irgendwo – »du bist anders«: aber wo ist dieses anders? –, sondern bekam eine Stelle im Raum, eine tiefergelegene, unten beim Gras, beim Bachufer; »du bist anders« bedeutete beinahe: du bist unten beim Bach. Wenn ich aber sagte: »under the table«, wo etwas lag, das ich suchte, so bedeutete das auch: anderer Tisch. Der Schatten dort, under the table, wurde anders, zu einer Art von Tisch, oben die flache Tischplatte wurde hier unten dreidimensional und körperlicher. Der Schatten wurde zu einem Körper, doch ein vom sprachlichen Geschehen untrennbarer. Allmählich auch haben sich die beiden Sprachen verquickt, so daß das Englische das andere Deutsch wurde; die Teller auf dem Tisch wurden selbst kleine Tische, nämlich dishes, die von gar keinen vier Beinen getragen wurden, und unter den Tellern eingeschlossen war eine unsichtbare, kompakt gepreßte Dunkelheit, zwischen Tisch und dem Teller dish war Dunkelheit eingesperrt. Kinderfrage: was ist unter dem Teller? Das Englische wurde wirksam unterhalb der deutschen Sprache, durchstieß diese, durchlautete sie, durchfremdete sie, durchsprach und durchflüsterte sie. So stelle ich mir den poetischen Satz (so es einen solchen gibt) vor: als durchflüstert von einem anderen Satz; auch durchflüstert von falscher Übersetzung. Als ich schon etwas älter war und das Wort »Blendung« kannte und ebenso das englische Wort »to blend«, da begannen die beiden Worte miteinander zu sprechen. Blendung, das war nicht nur zu viel Licht aus einer starken Quelle und ein Ereignis in den Augen, sondern es gab im dem Wort auch das falsche, andere, innere Deutsch und sagte, versetzt, übersetzt, versteckt und unwissentlich und fast unwillkürlich: to blend, also vermischen, vermengen, verbinden. Wenn ich die deutsche Sprache gehört habe, war zuweilen etwas zu hören, das wie außerhalb von ihr lag. Wenn ich jemanden sagen gehört habe: Blendung, Rückkehr, Kiesel, Anfang, Welt, dann war im ersten Wort der Reihe das Blinde enthalten, doch auch ein Anderes, etwas Unsicheres, aber etwas englisch als Vermengen und Vereinen Angedeutetes – Angedeutschtes? – ja sogar im Erblinden die Möglichkeit des Einswerdens. So wurde diese Wortreihe von der Blendung bis zum Anfang der Welt auch zu einem Vorgang des Mischens, bis zum gemischten Anfang der Welt (der aber blendet und daher nicht sichtbar wird). Blendung Rückkehr Kiesel Anfang Welt.

Überraschenderweise oder nicht-überraschenderweise geht aus den unsicheren oder offenen Worten eine größere Gewißheit wieder hervor, beinahe das, was einmal das »Sichergebauete« genannt worden ist, jene sichergebauten Alpen oder Berge. Gibt es in der Sprache oder aus Sprache: Berge, Alpen, Festigkeit? Am Ende des langen Gedichts »ES IST ALLES ANDERS« von Paul Celan – und das Ende, das Endwort, ist schon in diesem Titel vorgezeichnet, vorgewußt, vorgefestigt, vorbeziffert, im Wortpaar und in der Lautwiederholung von »alles« und »anders« – am Ende des Gedichts steht ganz plötzlich das Wort »Alba« allein da, ein Wort, welches viele weiße Bedeutungen hat und hier mit einer Wucht aufscheint, fast blendet. »Alba«, es ist nicht ganz unverwandt mit Friedrich Hölderlins »sichergebaueten Alpen«. Die Alpen – ältester Volksetymologie zufolge – sind die mit den weißen Höhen, mit den Licht- und Albaflächen in der Höhe, sozusagen

»sichergebauetes« Licht oder festes Licht, vielleicht sogar Augenblick in einem großen Gedicht. Diese Höhen sind vielleicht nicht ganz anders als die ersten Worte in der Welt der kleinen Kinder, als die Worte der Ammensprache. Die Bildung und der Austausch der allerersten Ammenworte und Klänge ist, kann man das so sagen, ein reines Nehmen aus einer, so stelle ich es mir vor, mächtigen Anlagerung, aus mächtiger vorsprachlicher Formung. Der Körper des ganz kleinen Kindes ist wohl ein ebenso dichtes Sediment und Gestein wie die Weltgeschichte. Der Körper des Kindes ist geschichtet, überlagert, gedehnt, gepreßt, gerieben, aspiriert, geblendet, erschrocken und gedreht und geschoben und gehoben worden wie der Gesamtkörper der Menschen und wie der Planet. Aus dieser Kleinkindergeschichte dann, aus diesem Bedeutungsdickicht, aus dieser Bedeutungsdichte, aus diesem Bottich, aus dem Bedeutungs- und Erinnerungsleib kommen Laute, bald darauf Wörter. So, wenn man es so sagen kann, ist dieses »Alba« geformt und gebaut, aus vielen Schichten: Alba ist Stadtname, Pappelname, Morgendämmerung, Tagesanbruch, Licht, Schnee, Anfang, Alpe, Alptraum, aufschreckendes Erwachen vielleicht und die Farbe Weiß. Alba ist auch der lateinische Name des Flusses Elbe, daran, in Böhmen, die Stadt Aussig liegt, wohin im Ersten Weltkrieg, von 1915 bis 1918, Celans Mutter aus Czernowitz vor den kriegerischen Ereignissen floh. So könnte es gewesen sein: Der zwei Jahre nach der Rückkehr seiner Mutter aus Böhmen und von der Elbe geborene Celan hört als kleines Kind zuweilen vom Fluß Elbe reden, genauer: hört die Laute e-l-b-e und macht daraus das Wiegenwort oder Ammenwort »Alba«, vermischt es mit dem Lautbild »Mama«, übersetzt also »Elbe« – und das ist sogar sprachgeschichtlich richtig – in »Alba«, den lateinischen weißen Fluß. Privateste früheste Sprachbildung und kollektive Sprachgeschichte sind in diesem Vorgang eins. Dabei ist der verdeckte Name »Elbe« ein Anagramm zu »lebe« – also vielleicht ruft in dem viel späteren Gedichtwort »Alba« der Wunsch nach dem Wiederfinden des verlorenen Menschen.

Vielleicht ist es so: die kleinsten Kinder bauen mit ihren Worten Alpen, sprechen mächtige Klanglager aus. Sprechen fast pure reale, realisierende Sprache. So eine realisierende Sprache ist, glaube ich, das letzte Wort »Alba« in Paul Celans Gedicht »ES IST ALLES ANDERS«. Das einige Seiten lange Gedicht hat gesucht und gesucht – Abgerissenes, Verlorenes, Namen, Hände, die Mutter, die Sprache, ein vergessenes Land, den Namen dieses Landes, Briefe, Laternen. Gefunden wird in dieser langen Suchbewegung etwas Weißes, und dieser Fund wird mehrere Male emphatisch wiederholt: »weiß ist er, weiß, (...) Weiß ist er, weiß.« Aber das ist noch nicht das sichere Wort; erst »Alba«, das doch auch Weiß bedeutet, ist der wirkliche Fund, weil er die richtigen Laute, die herstellenden, anwesend machenden, die »alpinen«, physischen schenkt. Was ist jenes Weiß, das das Gedicht am Ende findet? Es ist ein Stein, ein weißer Kieselstein. Ein Kieselstein ist eine allerkleinste sichergebaute Alpe. »Alba«, ja, es mag sein, daß dieses Wort Weiß bedeutet oder weißer Fluß oder die Elbe oder Wunder oder helle Gestalt oder Licht oder Epiphanie. Aber eigentlich tut das Wort etwas – ich glaube, es baut; es ist ein kleines Mundkonzert. »Alba« ist vielleicht über das Wissen noch hinausgebaut.

Sichergebaut. Bauen, wie es im Wörterbuch von Jacob und Wilhelm Grimm heißt, ist ein Wort, dessen Bedeutung und Verwandtschaft die größte Aufmerksamkeit fordern. Bauen, in seiner Wortgeschichte, gehört zwei anscheinend ganz verschiedenen Bedeutungen und Familien an: der bekannteren aedificare-Familie, etwas bauen, ein Haus bauen, errichten; und der weniger bekannten habitare-Familie, wohnen. (Diese zweite Bedeutung von bauen taucht auf im »ich bin«.) Die sichergebauten Alpen sind auch die sicher wohnenden, sind sichere Anwesenheit und Dasein, sind eine Art von »ich bin«. Das lange suchende Gedicht von Celan findet das Weiße, spricht es sich mehrmals vor – aber das ist nicht das Gesuchte – Weiß, das ist noch Wissen –, aber im Wort »Alba« erscheint dann das Sichere. »Alba«: eine Lautwohnung. Ein Kleinkinderwort vielleicht. »Alba«, wenn man es übersetzen könnte, würde vielleicht sagen: Es ist. Und so hat ja das Gedicht begonnen, mit einem »es ist«. Es begann mit der Zeile: »ES IST ALLES ANDERS«. Und im Prozeß, im

Bauen des Gedichts wird das »alles« und das »anders« so umgeformt, so übersetzt oder beinahe addiert, daß am Ende, wie nach einem langen langen Gleichungszeichen, »Alba« herausspringt – aber dieses »Alba« ist nicht Rückwendung zu etwas Früherem, sondern ist der Gewinn einer Sprache der Anwesenheit und sagt, glaube ich: »es ist«.

Nebenfrage: Was kann ein Übersetzer tun, der Gedichte übersetzen möchte in eine andere Sprache, wenn er auf alba-artige Worte stößt, wenn er solche »sichergebaueten« Klänge hört? Anders gefragt: Was tut der Übersetzende mit Alpen in einem Gedicht? Wir hatten ein merkwürdiges Glück, als wir, als Übersetzergrüppchen, Gedichte des italienischen Lyrikers Andrea Zanzotto übersetzt haben, Gedichte, die voll von Alba sind, voll von Kinderlauten wie »Pipo Taiu«, »Milomimo«, »Mimo Saiu« oder »Bono ti, ca, co nona. Bèi bumba bona« oder »pappo e dindi«, »dindi-sissi«, und in denen es Laute gibt, die das hochsprachliche Italienisch nicht hat, wie im Wort sgiòlθ oder im Wort θopal. Was ist zu tun mit Gedichten, die im engumgrenzten Dialekt eines einzelnen im Veneto gelegenen Dorfs aufgeschrieben sind, in der Sprache von Pieve di Soligo, das ein wenig nördlich von Venedig liegt. Venedig? Die Stadt heißt in ihrer Sprache nicht Venezia, sondern Veneθia, mit einem englischen »th« wie in »think« – und so bin ich mit meiner englischen Sprache und meinem englischen th-Können in diesem Übersetzergrüppchen doch der Richtige im kleinen Bund, um Andrea Zanzotto nämlich ins Deutsche zu übersetzen und hinüberzulispeln. Was die Dialektgedichte betrifft, hatten wir also Glück; da der erste in unserem Bund in Stilfs geboren ist, halbwegs oben auf einer Alpe, 1400 Meter über Seehöhe. Diese Alpe klingt beinahe halbenglisch – stilfs – und schon teil-venezianisch mit zwei Zunge- und Zahn- oder Lipsel- oder Thorn-Lauten. Wir hatten also das Glück der Alpen. Da hinauf haben wir übersetzt, in die hohe Sprache der Bewohner des kleinen Stilfs Stilfs. Wir haben Zanzottos Dorfklänge übersetzt in die Alpenklänge. Das heißt: der Übersetzer kann für eine solche Frage – was tun mit Ammenworten und dörflichen Klängen – gar keine Antwort suchen. Übersetzen ist vielleicht überhaupt nicht ein Suchen von Lösungen, aber die Poesie oder die

Geographie oder die Poesie der Geographie geben Antwort. Der stilfser gezischte Dorfname, der Geburtsort des Übersetzers, das unzufällige Zusammentreffen einiger übersetzender Personen, der Reichtum der Vorsprachlichkeit und einiges mehr noch – das waren die wirklichen Übersetzer. Das Veneto-Wort sgiolθ und der südtiroler Name Stilfs hatten eine Verbindung, fast eine Zungenverbindung (Zungenschlag?), von der ich nichts wußte. Fast eine Nicht-Verbindung. Bei den kleinen und kleinsten Dialektwörtern in diesen Gedichten habe ich gedacht an: Mundinnenraumalpen. Die Welt versucht zu sprechen; sie bildet Namen, Wörter, Vogellieder, Lispellaute, Schiffssirenen, Ventilrauschen, Donner, Sätze, Lawinenströme, Brandungen, Autohupen, Radioapparate, Echos, Explosionen, Zikaden. Vielleicht antworten Zikaden insgeheim dem Stadtnamen Veneθia? Die Dörfer zischen und summen. Autobahnen sind Stimmbänder und Stimmbahnen. Bäume sprechen leise und monoton und schweigen lang. Ein Bergspitzlein schweigt. Überall wird geklagt, angeklagt, angeläutet, Bestecke klappern, Gläser klingeln. Klimaanlage spricht ein langes S. Der Tennisplatz spricht kurze Konsonanten. Spricht die Welt poetische Sätze? Wer könnte sie loben? Vielleicht loben wir durch Zischlaute, mit Autohupen und Fahrradglocken. Köln ist ein Vögelchen, das singt. Wien ist eine Krähe. Wie ich unterwegs, in meinem Hotelzimmerlein, die Schranktüre zugedrückt habe und dabei die Innenluft herausgeströmt ist und dann die Tür mit einem Ton zu war, war der Ton wie ein »B«, welches auch durch strömende Luft und Schließen der Öffnung gebildet wird, aber anders. Das Türschließen war eine leise Antwort auf das ABC. Flugzeug am Himmel, ein schwieriger Chor, ein Durcheinandergeschrei von Kindern. Langsam bergab fahrende S-Bahn sagt ein langes Mmmmhh. Der Zug baut in die Luft eine Mmh-Sache, einen Mmh-Körper.

Was sind Laute? Was ist das oder die »Alba« am Ende des Gedichts von Paul Celan? Das Gedicht erklärt in diesem Zusammenhang wörtlich: »du kennst seinen Namen«. Zudem wird »Alba« mit einem großen Anfangs-A geschrieben; ich glaube also, daß »Alba« ein Name ist. Und könnte man also sagen: Laute und Klänge sind Namen? Was sind Namen? Wenn der Klöppel in einer Glocke schlägt und davon ein Klang kommt, ist dieser Klang ein Name? Spricht da eine Glocke oder Stimme oder Glottis einen Namen aus? Wenn es bei uns zuhause an der Eingangstüre läutet, ist in diesem Läuten ein Name gesprochen? Ist das eine Poesie? Müßte ein Lob der Poesie ein Lob der Haustürglocke sein? Könnte es auch ein Lob der Briefträgerstimme sein? Könnte es auch ein Lob des Stiegenhaushalls sein? Spricht das Stiegenhaus seinen Namen? Gelobt seist du, Wiener Wohnhaus, dafür daß du sprechen kannst? Neuere Etymologien widersprechen, doch Jacob und Wilhelm Grimm, und ihnen folge ich hier, auch wenn das ein Fehler ist, die Brüder Grimm im großen Wörterbuch verbinden das Wort Name mit dem lateinischen –gno–, welches in cognoscere enthalten ist: wahrnehmen, erkennen, und welches wir heute in Kognition verwenden. Also, das Kindlein das »Ina« sagt oder »Pipo«, das Gedicht das »Alba« sagt, die vorüberfahrenden Waggons in Wien die in einer Mmmh-Schwingung singen, das »Z«, hörbar und sichtbar, des Funkensprungs zwischen Straßenbahn und Oberleitung – sind das Klänge und Laute, die dem Zuhörer Namen zurufen und ein Wissen geben? Sind die halbblauen Z-Stromblitze eine Art von Milch und Nahrung und Kognitiv? Sind sie Ammenmärchen? Und wie steht es mit dem Kinderspielzeug für die Wenigemonatealten: der Würfel klingelt, wenn das Kind ihn fallen läßt oder ihn schüttelt; der Plastikfisch, wenn man seinen Leib zusammendrückt, piepst. Im Inneren eines Reifens rutschen, rauschen, knistern, zischen Kügelchen oder Körner. Sind das Namen? Ist ein Würfelchen nicht ein Würfelchen – ein so Bezeichnetes – sondern ist es:  und heißt daher:  ? Ist die Frau Maus im pinkgesäumten rosa Morgenmantel keine Frau Maus, sondern ist sie:

? Und wieviele Namen hat dieses:

? An Frau Mausens Unterseite steht ein Name geschrieben. *Fabriqué en France.* Ist nicht das »fabriqué« auch ein Name? Wenn wir von der Stadt Wien sprechen oder Vienna, ist dieses Ereignis etwas ganz Anderes als der scharfe, schnelle Z-Laut, den der elektrische Strom spricht, wenn er von Metall zu Metall springt? Wenn wir zu jemandem sprechen, auch mit einem Funkgerät, ist das nicht ein unsichtbarer Blitz und Funkenflug? – Manos Tsangaris spielt, zwischen dem Vorlesen seiner Gedichte, plötzlich auf einem Getränkefaß aus Aluminium, welches er aus einem Nebenraum hervorrollt. Im Rollen sagt und singt das Aluminiumfaß vieles; dann steht es und klingt unter den Händen des Musikers hell und singt auf diese helle Weise wie eines der Gedichte, die er zuvor vorgelesen hat. – Wie steht es mit den Lauten und Geräuschen in den Comics – mit den bekannten englischen **sniff sniff, gnam gnam, yum yum, slurp slurp,** und den deutschen **Zack! Rums! Tschugg Tschugg!**

Au!

Ka-wumm!

’ Biep . . . ’ Biep . . . **Pink!** ***Husch!*** **Schwupp! Schubs! Schnapp! Hops!** Zisch

Hechel! **Buff!** An den Buchstaben, mit denen diese Klänge oder Geräusche aufgezeichnet sind, ist zu erkennen, daß hier weitgehend dieselbe Sprache gesprochen wird, wie sie Donald und Mickey Mouse sprechen, die in den Sprechblasen steht. »Zisch«, »Husch«, »Pink« und »Biep Biep« ist Dinge-Deutsch. – Im späteren Werk des

Italieners Andrea Zanzotto erscheinen in den Gedichten von Hand gezeichnete Figuren und Spuren; man könnte meinen, sie seien Bilder, Graphiken; dann in seinem Vortrag werden sie hörbar –  (klopfende Hand oder klopfender Schreibstift) oder  (Geräusch des Strichelns) oder  (sshhhhhhht). Ebenso gibt es, schriftlich transkribiert, Geräusche wie: »Ttsch, sst, zzt«. Die Gedichte ticken, klopfen, kratzen, ritzen oder rauschen an solchen Stellen. Das sind aber nicht Stellen, wo das Gedicht aufhört zu sprechen und bedeuten, wo das Gedicht bloß Lärm macht. Hier spricht das Gedicht sein Klopfwissen, Tickwissen, Kratzwissen aus oder singt seinen Kratzgesang und die physischen Namen. So ein Tick-tick-tick ist eine Art von Kindersprache des Schreibstifts vielleicht. Gerade hier ist etwas lebendig, besonders lebhaft und kräftig.

Es gibt eine Gedichtfolge von Thomas Kling mit dem Titel »wände machn«, in welcher Landschaft und Laut einander formen. Nicht nur der Kletterer »macht Wände«, indem er die Felsen hinaufklimmt, sondern auch die Sprache »macht Wände«, erzeugt Wände, Dinge, Täler, Tiere. Auch: die Sprache ist ein Gebirge. Ein kurzes Gedicht von Hund oder Dachs oder Sprache oder etwas:

hundz da!

xx. -ks, kss,
KKSS;
verhunzter
hunzdaxx. hnnzz-
dachs gehunzt.
hunztags schweinedachs,
schweinedags hunztax.

Es gibt viele Hundsarten: die Hundsblume, den Hundsdorn, den Hundsdill, es gibt Hundsfische und das Hundsgesicht, Hundsgurke, Hundskohl und Hundsknoblauch. Es gibt auch den Hundsbuchstaben »R«, der so heißt, weil er knurrt, Verwandter des Ziegenlauts

»E« und des Sperlingsschreis »Z«. Hier nun also: »hundz da!« Ein Ding vieler Möglichkeiten, ein Hundsallerlei, hundeköpfiger Schrekken und ein Klangmonster. Der das »hundz da« erblickt hat, versucht es vielleicht zu verscheuchen und ruft: »xx« (mit Doppel-x), »-ks« (k, s), dann »kss« (k, s, s), zuletzt »KKSS« (Großbuchstaben K, K, S, S). Verschiedene Verscheuchungsversuche. Aber der scheuchende Laut ist der dem Unwesen gerade noch fehlende, es wird durch das Verscheuchgeräusch zum: »da-ks«; der Hund oder Unhund oder was auch immer wird zum Dachs. Der Hund geht also durch Ruf, Drohung, Laut oder Sprache nicht weg, sondern wird erst so richtig, wächst sich aus zu einem veritablen Hundsdachs, einem allerdings »verhunzten« Hundsdachs. Was ist ein verhunzter Dachs? Das Wörterbuch informiert: verhunzen, zu einem Hunde machen, Hund nennen. Im Gedicht geschieht das Umgekehrte, eine Umhundung: der Hund wird durch den Versuch, ihn los zu werden, zum Dachs gemacht, er wird verdachst (ähnlicher Vorgang wie: verdeutscht). Wände machen, Hunde machen, Dachse machen. Durch Verdachsung wird der Hund allerdings nicht nur zu diesem Tier, sondern zu einem hochsommerlichen Phänomen, zu einem der Tage in der Hitzeperiode Ende Juli Anfang August – die Zeit, in welcher früher der Hundsstern Sirius aufging, im Sternbild großer Hund –, der Dachs wird Hundstag. Dachs ist Genetiv des Wortes Tag, steht in Verbindung mit einer Konstellation am Himmel, ist auch ein gothisches Wort: dags.

In der Sprache wirkt eine Namenskraft oder Hervorbringerkraft; aus der Exklamation »Hund« und dem hinzeigenden »Da« und dem verschreckenden Geräusch ernennt sie den Dachs. Die Sprache tut etwas physisch Anderes, als es das vielleicht Grüppchen der südtiroler Bergwanderer wollte: sie gibt einen Namen. »Memorizer«, heißt es in einem anderen Gedicht dieses Buchs; gleich folgt das Mißverständnis – die Namensgebung: »sagtnsi: marmorreiz?« Auf das Gedicht vom »Dachs« folgt ein weiteres Tiergedicht, wieder ist es ein Namens- und Entstehungsgedicht, fast eine Geburt aus dem Geist der Sprache.

hirschhornvotiv

berge (kilb) borg geborgn
rehgeiß der zwei kitze
folgn ricke (rehgeist?) mit
zwo kids   vom haus zwei hirschn-
sprung   unerschlossner morgn

Verborgen im deutschen Ausdruck »zwei kitze« ist das pidgindeutsche oder kreolische »zwo kids«, das Gedicht holt es aus dieser Verborgenheit – aus diesen Bergen – heraus. Das mag von einem unwillkürlichen Hören kommen, aber in der Geschichte der Sprache sind die »kids«, die kleinen Kinder, verwandt mit den »Kitzen«, den kleinen Rehen und Ziegen. Sprache ist eine verborgene Größe, ein Gebirge, ein Reservoir und Archiv; doch sprachgeschichtlich ist das Bergende auch das Gebärende, Fruchttragende. Aus dem sprachlichen Reservoir und Reh kommen zwei Kitze. Gibt es einen sprachlichen Geist? Das Gedicht fragt: Rehgeiß … Rehgeist? »hirschhornvotiv« ist der Titel des Gedichts. Das Votiv ist ein dingliches Zeichen, mit dem kundgegeben werden soll, daß eine angerufene unsichtbare Macht sich gezeigt hat und geholfen und Sicherheit geschenkt. Freizügig gedeutet ist das Votiv Zeichen für eine Epiphanie: ein Reh, dem zwei Kitze folgen: ein Bild der Sicherheit. Die Gedichtzeile: »berge (kilb) borg geborgn«, deutet, dreht das Gebirge um in: behüten, schonen, beschirmen, Sicherheit gewähren. Die gefährliche Dimension des Bergs und sein Schutz werden hier eins. Das Archiv, das große Sediment, das Erinnern sind Schutzmächte. Die Berge hier wie Schutzgeister am frühen Morgen. »wände machn« heißt dieses Buch, so sind es vielleicht auch Schutzwände der Sprache; und für diese Sicherheit dankt das kleine Votivgedicht von Thomas Kling.

In einem Tal und umkreist von braunen, rosigen, violetten, rauchigen oder lichtüberströmten Bergen der Kaukasusküste sitzt eine kleine Ausflugsgesellschaft, die am frühen Abend in vier Wagen den kleinen Ort Gudauty verlassen hat und an der Schwarzmeer-Riviera entlang gefahren ist bis zu einem kleinen Wirtshaus am Zusammenfluß zweier Flüsse; auf dem Dach dort weht die russische Fahne und an der Hausmauer hängt eine Tafel, auf welcher mit Kreide geschrieben steht: »Angenehme Schenke«. Die Gesellschaft nimmt nicht in dem Gärtchen Platz, wo Tische und Bänke stehen, man will fünfhundert Schritt weiter zu einer Wiese. Dem Wirt Kerbalaj, der an der Straße steht, im blauen Hemd und in weißer Schürze, wird zugerufen: »Wir fahren noch ein Stück weiter, schaff du uns den Samovar und Stühle dorthin! Ein bißchen plötzlich!« Auf der Wiese werden dann Vorbereitungen getroffen – Reisig wird gesammelt, der Wirt bringt Stühle und breitet einen Teppich auf der Erde aus und stellt Weinflaschen hin. Dann brennt das Feuer, der Kessel steht darauf und Samojlenko beginnt zu kochen. Wir sind an dieser Stelle in der Mitte eines der kleinen Romane von Anton Čechov, in welchem sich jetzt folgendes darstellt:

»Auf dem umgestürzten Baum saßen nebeneinander Laevskij und Nikodim Aleksandryč und schauten nachdenklich ins Feuer. Marja Konstantinovna, Katja und Kostja holten das Teegeschirr und die Teller aus den Körben. Von Koren, die Arme über die Brust gekreuzt und einen Fuß auf einen Stein gesetzt, stand am Ufer direkt am Wasser und dachte über etwas nach. Die roten Flecken des Feuerscheins liefen, zusammen mit den Schatten, im Kreis um die dunklen menschlichen Gestalten, zitterten auf dem Berg, auf den Bäumen, auf der Brücke, auf dem Schuppen; auf der anderen Seite war das abschüssige ausgespülte Ufer hell erleuchtet, blinzelte und spiegelte sich im Flüßchen, und das schnell dahinströmende strudelnde Wasser riß sein Spiegelbild in Stücke.

Der Diakon ging den Fisch holen, den Kerbalaj am Ufer putzte und wusch, doch auf halbem Wege blieb er stehen und schaute sich um.

›Mein Gott, wie schön! – dachte er. – Menschen, Steine, Feuer, die Dämmerung, ein verkrüppelter Baum – nichts weiter, und doch wie schön!‹ «

Warum bleibt der Diakon stehen und schaut zurück? Weil ihm etwas gesagt wird. Die Welt spricht und sie sagt: Menschen, Steine, Feuer, die Dämmerung, ein Baum. Mögen sie auch stumm sein, es sind fünf Worte, fünf Klänge. Mögen sie später durch Čechov laut werden, aber die eigentliche Lautende, die Dichterin ist hier die Welt. Der Diakon gewahrt, daß die Welt ihm etwas sagt, wie eine Amme. Und daß sie ihm etwas erzählt, satzlos, nur aus Tönen; sie erzählt ihm: Menschen, Steine, Feuer, die Dämmerung, ein Baum. Sie erzählt ihm, daß sie Sprache ist.

Daß der Diakon da eine Erzählung sieht, wird sogleich im nächsten Absatz noch einmal anders gesagt:

»Am anderen Ufer an dem Schuppen erschienen unbekannte Leute. Da das Licht flackerte und der Rauch des Feuers auf die andere Seite zog, konnte man alle diese Leute nicht sofort erkennen, zu sehen waren mal eine zottige Pelzmütze und ein grauer Bart, mal ein blaues Hemd, mal Lumpen von den Schultern bis zu den Knien und ein Dolch quer über dem Bauch, und ein junges sonnengebräuntes Gesicht mit schwarzen Brauen, derart dicht und scharf geschnitten, als seien sie mit Kohle gezeichnet. Fünf Mann von ihnen setzten sich im Kreis auf den Boden, die übrigen fünf kletterten in den Schuppen. Einer blieb mit dem Rücken zum Feuer in der Tür stehen und fing etwas offenbar sehr Interessantes an zu erzählen, denn als Samojlenko Reisig nachlegte und das Feuer aufloderte, Funken sprühte und den Schuppen hell erleuchtete, war zu sehen, wie zur Tür zwei Gesichter herausschauten, ruhig und mit höchster Aufmerksamkeit, und wie diejenigen, die im Kreis saßen, sich umwandten und begannen, der Erzählung zu lauschen.«

Die höchst aufmerksamen Gesichter im Fenster, auch die Drehung der Situation, auch die Umwendung der fünf Anderen, das ist ganz so wie zuvor, als der Diakon sich umdreht und zur erzählenden Welt hinschaut. Was erzählt die Welt? In einer Weise kann man es nicht hören und nicht verstehen. Für den Diakon ist die Erzählung nicht hörbar, aber er sieht sie – »es war zu sehen« –, er sieht, daß erzählt wird, genau so wie er zuvor die Menschen und Steine, das Feuer, die Dämmerung und den umgestürzten Baum gesehen hat. Die Welt kann erzählen mit sichtbaren Tönen, mit blauen Hemden, mit kohlegezeichneten Augenbrauen, mit stummen Steinen, mit Bäumen und Lichtfiguren. Leises Vokabular. Was sagt die Weltvokabel »Augenbraue«? Sie sagt: Augenbraue. Sie sagt es nebenher, unaufdringlich, absichtslos, am Rande einer Wiese.

Anderes Beispiel, ein kleines Gedicht des ungarischen Lyrikers Ferenc Szijj, ein Gedicht aus der Landschaft der oberungarischen Tiefebene, unweit einer Stadt, die Stein auf der Wiese heißt, und von dieser Stadt stelle ich mir vor, daß sie spicht wie die Steine auf Čechovs Wiese im pontischen Kaukasus. Das Gedicht hat den Titel »Anfang«, vielleicht ist es ein Anfang wie im frühen Sprechen, vielleicht spricht hier die Welt wie zu einem kleinsten Kind; jedenfalls steht hier wieder ein kleines Gebäude, das dem Schuppen auf der anderen Seite des Flusses ähnelt und das Čechovs Diakon sieht, hier im Gedicht ist es eine Scheune, und die Welt verwendet sie wie eine Art von Musikinstrument oder Mund –

Anfang

Der Wind schlägt Obstzweige
gegen die Scheunenwand.

Gelobt sei die Dichtung dafür, daß sie fast nichts sagt; aber doch so viel wie Kirschbaumzweige an der Rückseite eines Gehöfts in einem südlichen Dorf. Gelobt seien Rauschen, Kratzen, Klappern, Geknister, Getrommel. Gelobt sei das Anfängliche, Unvollendbare der Dichtung, auch der folgende mißlungene Versuche vierer Ungarn, ein Lob zu singen in der Form einer Menschenpyramide, auf einem leeren Schulhof, in einem Gedicht von Ferenc Szijj –

Im Hof der verlassenen Schule
wollen sie eine Menschenpyramide bauen,
aber der Versuch ist allerhand.
Der Baumarktleiter hält zum Beispiel außen rechts

einen Besen in die Höhe, damit der Musiker
aus dem Gasthaus Komet sich daran
festhalten kann, dieser muß sich aber
dazu leicht zur Seite beugen,
wodurch der Nachtwächter des Service
zu schwanken beginnt, denn der ist gezwungen,
ein Bein auf den Kopf des Musikers zu stellen.
Sie hatten auch nicht daran gedacht, daß das eine Bein
des Nachtwächters kürzer ist als das andere.
Schließlich schwingt der junge Schankbursch
der Bierstube Landwehr ganz oben eine Fackel,
und die andern drehn zum Schutz
vor herabfallender Asche die Gesichter hin und her.
Kurz, man hätte es auch besser machen können.

Wien, Winter 1998

Anmerkungen

Zitiert wurde aus den folgenden Büchern: Anton Čechov, Drei kleine Romane, Berlin 1997; Paul Celan, Die Niemandsrose, Tübinger Ausgabe, Frankfurt am Main 1996; Walt Disney, Donald Duck, jederlei Heft, Wien 1997; Jacob und Wilhelm Grimm, Deutsches Wörterbuch, München 1984; Friedrich Hölderlin, Gedichte, Sämtliche Werke und Briefe Bd. 1, Frankfurt am Main 1992; Thomas Kling, wände machn (und Ute Langanky, Aquarelle), Münster 1994; Ferenc Szijj, Das Geheimnis des langsamen Lebens, Graz 1992; Andrea Zanzotto, Lichtbrechung, Graz 1987; Andrea Zanzotto, Poesie (1938-1986), Milano 1993.

Auf den Zusammenhang von Vorsprache und Hölderlins Fragmenten weist Andrea Zanzotto hin in seinem Gedicht »L'elegia in petèl«.

Anne Duden

Vom Versprechen des Schreibens und vom Schreiben des Versprechens

Die Rede selbst kommt schon aus großer, ja größter Entfernung: Entfernung des Denkens, Schreibens, Gedrucktwerdens undsoweiter. Die Worte, die diese Rede zu umkreisen und berühren, heranzuziehen und bisweilen auch herbeizuzitieren sucht, kommen aus der Fremde, einer gleichsam globalen Fremde, die, je nachdem, sich auch als nachbarliche Allgemeinheit und Vertrautheit auffassen ließe.

Um zu den Worten und dann vielleicht durch sie zu Wort zu kommen, bedarf es einer nahezu unsäglichen Anstrengung, einer Anstrengung, die ihrer Natur nach unsagbar ist. Es reicht nicht, sich einen Ruck zu geben, denn Bedingungen und Voraussetzungen sind auf lange Zeit hin unverrückbar, nicht zu bewegen, wie es scheint. Es hieße also, sich an einen Ort zu begeben, der als Ort gar nicht ausgewiesen ist und der andererseits überall und nirgends sich einfinden oder einstellen könnte. Und es gälte, mit äußerst geschärfter Aufmerksamkeit und fast blindem Verlaß auf die Instinkte, sich bereitzuhalten, auf der Hut und auf der Suche, wie im Schlaf hingestreckt auf der Jagd zu sein. Ein angeblich unmöglicher Zustand. Und eine wohl nur durch Kunst noch zu erhebende Forderung und nur mit und in der Kunst zu erreichende Befindlichkeit. Nahe am Irresein, versteht sich.

Man stößt nicht einfach auf Worte. Man gerät, wiewohl auf eigenen Füßen und Wegen, zu ihnen durch ihren Stoff, ihr Werk, ihr – um es mit einem englischen Wort zu sagen – *fabric,* das Bau, Konstruktion, Anlage, Gewebe, Textilien, Gefüge, Aufbau, Struktur, Gebäude – all dies und mehr – sein kann.

Man kommt zu ihnen wie zu sich, mitten oder irgendwo zwischen den Entfernungen, unterwegs von Entfernung zu Entfernung. Und nie können sie, auch in Wahrheit und Wirklichkeit nicht, das Eigene oder Eigentliche sein oder werden. Als die Alten, die Ältesten dieser übernächtigten, ausgeschlachteten und längst vertagten Welt, als die, die alles, auch noch über die Welt hinaus, wissen und von denen zumeist nichts mehr erwartet wird oder von denen etwas zu erwarten oder zu erhoffen kaum noch jemand in die Lage kommt und denen Gedächtnisverlust zugeschrieben scheint, auch noch als diese Worte sind und bleiben sie Bestand und Befund UNZERREISSBARER ATMOSPHÄRE. Sie haben ja diesen unschätzbaren Vorteil: sie sind auf die Gegenwart jeweils nur bedingt angewiesen; sie können hinter die Zeitgenossenschaft zurückfallen oder auch ihr vorauseilen, sie übersteigen oder unterlaufen.

Unentwegt fügen sich Worte in Sätze, unentwegt verfügen Sätze über sie und wird in Sätzen über Worte verfügt. Und unentwegt werden Sätze verbraucht und überall hingeschüttet. Nur einer Art von Satz aber ist und bleibt es vorbehalten, zur Wirklichkeit der Sprache zu werden. Satz aus Wortver- und -entflechtungen, -aufsprüngen und -stillständen, Wortan- und ausklängen. Satz, der die Worte, die Sprache nicht einfach nur be- und ausnutzt, ver- oder austeilt, der das millionen- und trillionenmal und abermals Aus-, Ab- und Dahingesprochene, das Ausgeplauderte und Hingeworfene oder Verschleuderte nicht einfach nochmals wiederaufbereitet, verwendet, verwirft, ausschwitzt oder auch nur zu konservieren sucht, sondern Satz und Sätze, Gebilde und Gefüge, in und mit denen die Worte in Schwingung, in den *état chantant,* wie Paul Valéry fordert, den »Zustand des Singens« geraten, der ja durchaus nicht nur ein leicht zu habender oder einer des Leichtsinns sein muß. Unablebbarer, oft auch unziemlicher, anstößiger Satz; ins Ver- oder Entrückende versetzende Sätze aus Texten, deren Tonfall, Aufladung und Spannung das Material bereitet und bearbeitet und erst zu diesem Satz-Corpus macht, der einem dann, als wäre es plötzlich, erscheinen kann, der sich einstellt, sich einem entgegenstellt als Vision oder Schrecknis oder Ekstase oder auch alles in einem und einen aufsaugt wie ein Bild, das in sich unzählige andere Bilder enthält oder durch sich ansaugt, auftauchen und aufscheinen läßt. Satz aus Gesängen, Anrufungen, Verwünschungen, Magnifikaten, Responsorien und Lamentationen, Absprechungen oder Verteufelungen. Geschrieben, gelesen und gesprochen, gemurmelt und gesungen zum Lob des Außersichseins; zum Lob des Unbedingten und Ungeratenen, das sich anders entpuppen will und nicht nur schmählich in sein Gegenteil sich verkehren; zum Lob der Vieldeutigkeit und Offenheit und doch auch Härte und Bestimmtheit.

Es handelt sich nur um eine *Art* Satz, also etwas aus der Art Schlagendes, um nicht zu sagen Ausgeartetes, je nachdem wo man einen Ausgangspunkt oder die Herkunft ansetzt. Es ist ja der Satz aus einer, in eine andere Gangart der Sprache, die mit einem anderen, einem überwältigenden Anspruch zu tun hat. Mit dem Anspruch, daß alles Denken und Fühlen aus seiner Undenk- und Unfühlbarkeit herauskomme. Also nicht der Anspruch darauf, daß einfach alles herauskomme, sondern Anspruch, daß es eintritt, eintreten kann im und als Ausdruck und auch wieder zurückfallen ins Schweigen, ohne ausgelöscht oder in Zweckverbindungen aufgerieben und verpulvert zu werden.

Die Rede sollte wohl ein ruhiger Vorgang sein. Die Sätze, von denen hier die Rede ist, haben jedoch eine unruhige, beunruhigende, ja entflammende Präsenz oder Latenz, auch dann noch, wenn ihr Wortlaut das vorerst für sich behält. Zwischen urjung und uralt aufgespannt, stark und biegsam, viskos, schier unendlich begabt mit Leben, bis ins sogenannte Jenseits oder in die Unterwelt und den Atemstillstand hinein, bis in die Über- und Ausgänge, den Exitus, wo es nun, durch sie, scheint, als bettete Totes sich selbst um, als begönnen Mumien mit verholzten Fingern an ihren zerfallenden Bandagen zu nesteln und blätterten sich auf zum Lesen und Leben.

Wie mein Glück, ist mein Lied. – Willst du im Abendrot
Froh dich baden? hinweg ists! und die Erd ist kalt,
Und der Vogel der Nacht schwirrt
Unbequem vor das Auge dir.

(aus Friedrich Hölderlins Gedicht »Die Kürze«)

Wie erreichen einen solche Sätze; wie erreicht man sie; und wie kommt einer, wie kam Hölderlin dazu?

Etwa schlicht durch Sensibilität, durch lange und geduldige Schulung, rotes oder weißes Martyrium, durch Müttergesangsvereine, über angestrengtes Spähen durch Hagioskope, oder beiläufig, unterwegs, über den Weg von Not und Bedürftigkeit oder Begehren und Sehnsucht? Vielleicht erreicht man sie aber gar nicht. Vielleicht kommen sie, buchstäblich, nur über einen. Oder sie unterlaufen einem. Oder man begeht sie wie ein Verbrechen gegenüber der Allgemeinheit und mitten in ihr; oder sie werden verübt wie eine Indiskretion, auch um dann, überraschend, ans Licht zu kommen, Licht der Öffentlichkeit und Veröffentlichung. Vielleicht erfüllt man sie sich auch nur wie einen lang gehegten Wunsch, kann sie sich endlich erfüllen. Oder man erkennt sie bloß, kann sie auf einmal erkennen im Zustand der Liebe, in England zum Beispiel, vielmehr im Englischen, wo man ja in die Liebe hineinfällt – *falling in love* – als in etwas Fremdes, ein Außersichsein und dann erst einmal in ihr ist – *being in love* – oder bleibt, ihr verfallen bleibt, für welche Zeitspanne auch immer. Etwas Fremdes oder ein Außersichsein, das aber als Aggregat offenbar immer schon gegeben ist, ein Vorkommen, und fortwährend als solches sich auch hält, unverbraucht und unaufzehrbar, und darauf wartet – das möchte zumindest ich als Schreibende und hier jetzt Redende gern annehmen – in Erscheinung treten zu können durch einen ungemeinen Satz zum Beispiel, durch seine Niederschrift.

So mithin, auf den hier entworfenen Wegen und in der hier vorgeschlagenen Verfassung könnte der ungemeine, der poetische Satz, um ihn endlich einmal beim Namen zu nennen, zu einem kommen und käme man zu ihm. Und natürlich ist ihm immer nicht nur etwas, sondern sehr viel vorausgegangen in zumeist unwegsam erscheinendem Gelände, ja eben dort hat er sich angebahnt, dort, wo die und der Schreibende sich herumschlagen und notfalls auch um sich schlagen, sich wehren müssen und verteidigen.

Ohnehin geht es nicht gewaltfrei zu in der Sprache, und jedenfalls scheint unserem üblichen Satzbau, unserem gemeinen Satz, ein Engelsturz wenigstens vorausgegangen zu sein und eine Paradiesesaustreibung dazu. Es ist ein Urteil ergangen. Und der gemeine Satz betont das oft genug, um sich zu behaupten. Ihm sitzt der Schreck noch in den Gliedern, die Angst davor, für vogelfrei erklärt zu werden. Und die Ahnung, das heimlich gewordene Wissen, daß jeder *Be-* eine *Ent*hauptung folgen kann oder bereits vorausgegangen ist, bleibt ihm als Nachgeburt verschwistert, behält er als Schatten neben, vor, hinter sich.

Nicht umsonst bezeichnet im Englischen das Wort *sentence* sowohl den Satz wie das Urteil.

Der ungemeine, der poetische Satz läßt sich nicht behaupten, schon gar nicht *demgegenüber.* Er zählt auch nicht zu den noch einmal Davongekommenen, zu den Verschonten, Nischenexistenzen, Lückenbüßern oder kopflos Unschuldigen. Wohl aber bewegt er sich mit und in der Geschichte und wird von dieser mit bewegt, von ihr angezogen oder abgestoßen; und er bleibt dabei, unbeirrbar und ungreifbar, das Schwellenwesen, ein Vorgang des Übertretens, Aus- und Überschreitens, Unterlaufens und Auffahrens. Er kann so nicht in die Geschichte eingehen, er kommt nur immer neu aus ihr, geht immer anders aus ihr hervor und auf etwas anderes zu. Befund UNZERREISSBARER ATMOSPHÄRE eben in wandelnder Gestalt: Gorgovogel, Medusenblut, Orpheusüberreste; Fetzen, Stücke, Klumpen – nicht Indizienbeweise, sondern stets anstimmbare Noten. Und sogleich Ausdruckswelle, – woge – anrollend und anbrandend ans Ufer der Gegenwart, anschäumend gegen Lärm und Stille und die

Kluft der Verhältnisse, um dort zunächst auszulaufen und zu versikkern möglicherweise.

Woher rührt *meine* Bestimmung des ungemeinen, des poetischen Satzes bzw. seine Anstimmung durch mich? Das, merkwürdig genug, läßt sich für mich genau nachzeichnen als eine, ja einzig gewordene Angelegenheit in einem Gewirr von Zerstörung, Kaputtgehen, mühsamem Aufrechterhalten, von Verwerfen und Verworfenwerden, von Aufschwüngen und Abstürzen. Denn etwas Entscheidendes geschah jahrelang beim Übergang vom Wachzustand in den Schlaf. Es vollzog sich dort und war immer bis zu einem gewissen Punkt und noch gerade über ihn hinaus, bis zu dessen beginnender Auflösung und einsetzendem Eingehen in etwas gänzlich anderes, – das sich nicht erst bildete, sondern stets schon dagewesen war – zu verfolgen. Es kam einer ganz natürlich erscheinenden, selbstverständlichen und doch erstaunlich wirkenden Enteignung gleich, einem Entgleisen und Entgleiten bei gleichzeitigem Eintauchen und Mitvollziehen einer Art von Entkleidung zuerst, dann Dekomposition, einem Verfall aller bestehenden, abgemachten, vorgegebenen Begriffe; Entregelung aller Zahlen- und Zählsysteme, aller Koordinaten bis hin zur Auflösung der Grammatik des Denkens, Sehens, Hörens, Schreibens und Fühlens insgesamt. Schon im Verfall, bei der Dekomposition, der Entregelung und Auflösung ging es in etwas anderes über. Etwas, das immer schon da war, aber *normaler-, gemeinerweise* unzugänglich und unbegehbar blieb, verhüllt, versteckt in seiner Undenkbarkeit und seinem Unmöglichsein daher. Etwas viel Älteres und Jüngeres zugleich, etwas immer Mögliches und Schlußloses.

Es blieb, soweit, ein deutlich-undeutliches, offenes Versprechen, denn schon wenn der Vorgang begann – im Hellen, im Dämmer oder Dunkel – hatte sich auch schon jeder Wunsch nach Festhalten oder Rückkehr zu den Ausgangspunkten aufgehoben, ja stellte sich im Gegenteil eine große Erleichterung und Leichtigkeit ein und eine scheue Neugier und Vorfreude. Aber worauf? Es war ja immer nur gerade noch zu ahnen, in unfaßlich bleibender Distanz, daß es auch und gerade in eine andere Sprachwelt, eine andere Räumlichkeit oder Raumordnung überging, eine fremde und urvertraute zugleich.

Daß es auch eine Sprachwelt sei, daß sie es vor allem für mich wäre oder würde, das wußte ich aber erst, als ich eines Tages, bei der Arbeit und also im Wachzustand, mitten in sie hineingelangt war: durch einen Satz, dann mehrere Sätze – und nach gewissen Zerreißproben und nachdem die linke Gehirnhälfte wegen Überfüllung fast in die rechte eingebrochen wäre.

Diese Sprachwelt also war, traumsicher und präzise, das Versprechen, nicht das Versprochene. Und es gab sich eben erst zu erkennen nach und mit meinen ersten ungemeinen Sätzen, durch ihr Entstehen und Geschriebenwerden. Ich wußte seitdem, daß es als Versprechen zugänglich bleiben würde. Wenn auch jeder neue poetische Satz sich neu in ihm formen mußte und muß. Ein großes Glück, aus dem je wieder herauszufallen oder entlassen zu werden mir tödlich erscheint.

Wie müßte und sollte ich da nicht voll des Lobes für den POETISCHEN SATZ sein!

Denn durch und für den poetischen Satz zu leben, ihn schreiben und/oder lesen zu können, in sein Spannungsfeld und seinen Genuß zu kommen, heißt nicht nur, von jener UNZERREISSBAREN ATMOSPHÄRE zu erfahren, sondern sie selbst wahrnehmen und also erfahren, sie manchmal wie mit bloßem Auge sehen zu können und von ihr zugleich beansprucht und getragen zu werden.

Dabei könnte einem das Herz aufgehen, könnten einem die Augen übergehen und würde der Mund vielleicht überfließen wollen – von gefundener wie sich einfindender, überraschend erscheinender und doch genau sich bildender und immer weiter möglich werdender Sprache. Und man könnte auch einmal aufhören, mitten im poetischen Satz gar, sich vorm Schreiben, als zu großer Aufgabe zum Beispiel, zu fürchten.

Aber man bewegt sich nicht ununterbrochen auf dem Königsweg der Sprache, man wird nicht ein für allemal ins Reich des dichterischen Denkens, Schreibens, Lesens eingelassen. Man gerät, möglicherweise für einen länger anhaltenden Zustand, in seinen Einzugsbereich.

»Man muß vom kreativen Schaffen sprechen als etwas, das einen Weg zwischen Unmöglichkeiten sucht.« und »Kreatives Schaffen findet in Engpässen statt«, sagte Gilles Deleuze.

Kürzlich erst kam ich zurück von einem Bild, einem ziemlich kleinen und doch an der Wand der Galerie steil aufragenden Gemälde, wie von einem jähen Satz, einem *Über*setzen zwischen Bild- und Wort-Sprache, einem *Über*springen der einen auf die andere.

> Ein Dämmerungsvogel im Tiefflug
> rettet sein kurzes unverdrossenes Leben.

Mit diesen Worten im Ohr und im Auge kam ich zurück wie aus der Halle eines Kopfbahnhofs, denn das Geschehen im Bild – nichts weiter und nichts weniger als eine Verkündigung, also nur ein Sprach-, Spruch- und Sprechgeschehen – spielt sich ab in einer kalt und zugig wirkenden Kathedrale, oder es ist als eine stillgestellte, angehaltene Vorführung dort eingesetzt. Und Gabriel, wenn man seiner Sprache im Bild nach einer Weile sich gewachsen zeigt oder sie einem auch nur gelegen kommt, verdeutlicht sich durch nichts als seine grandiose Hülle, seine Einkleidung, sein Gewand, das glüht und leuchtet und aus Pflanzlichem, Flüssigem und Metallischem gefertigt scheint, aus Blumen, Blut und Gold und Silber. Es schneidet, messer-, scherenschnittscharf, ein in die Leere und Kälte des Raumes, oder es schneidet sich heraus, hebt sich ab. Mit dem Gewahrwerden dieses Gewandes, dieser Umhüllung, die wiederum das einfarbig blaue, üppig zu Boden flutende Gewand der Begrüßten mit dem eigenen Saum nur am Rande berührt, ergab sich jener eine Satz, fügte sich sein Stoff zusammen, sein gesamtes, schon Wochen, Monate und vielleicht Jahre zurückliegendes Material.

Man kann den poetischen Satz nicht beschließen. Man kann auf ihn hoffen wie auf etwas Unverhofftes; sich für ihn bereithalten; man möchte ihn erwarten können als etwas Unerwartetes. Und man möchte von ihm gesucht, vorgefunden und getroffen werden, in den Zustand der Leidenschaft versetzt, gehoben, geworfen.

Und hier soll die Rede enden und könnte der Gesang beginnen oder ein anderer englischer Gruß ins Blickfeld eines poetischen Satzes geraten.

London, März 1998

Die Deutsche Bibliothek – CIP-Einheitsaufnahme

Robert Gernhardt, Peter Waterhouse, Anne Duden:
Lobreden auf den poetischen Satz. –
Göttingen: Wallstein-Verl., 1998
(Göttinger Sudelblätter)
ISBN 3-89244-313-0

Vom Verlag gesetzt aus der Adobe Garamond
Umschlag: Thomas Müller
Druck: Hubert & Co, Göttingen
ISBN 3-89244-313-0